škola - ትምህርት ቤት 2
putešestvie - ጉዞ 5
transport - መጓጓዣ 8
gorod - ከተማ 10
landšaft - መልከዓምድር 14
restoran - ምግብ ቤት 17
supermarket - የሸቀጣ ሸቀጥ መደብር 20
napitki - መጠጦች 22
eda - ምግብ 23
ferma - እርሻ 27
dom - ቤት 31
gostinaâ - ሳሎን 33
kuhnâ - ማድቤት 35
vannaâ komnata - መታጠቢያ ቤት 38
detskaâ komnata - የልጅ ክፍል 42
odežda - አልባሳት 44
ofis - ቢሮ 49
èkonomika - ኢኮኖሚ 51
professii - የስራ ሙያዎች 53
instrumenty - መሳሪያዎች 56
muzykal'nye instrumenty - የሙዚቃ መሳሪያዎች 57
zoopark - የደር እንስሳት ማቆያ 59
sport - የስፖርት አይነቶች 62
dejstviâ - እንቅስቃሴዎች 63
sem'â - ቤተሰብ 67
telo - አካል 68
bol'nica - ሆስፒታል 72
neotložnyj slučaj - ድንገተኛ 76
zemlâ - ምድር 77
časy - ሰዓት 79
nedelâ - ሳምንት 80
god - ዓመት 81
formy - ቅርፆች 83
cveta - ቀለማት 84
protivopoložnosti - ተቃራኒዎች 85
cyfry - ቁጥሮች 88
âzyki - ቋንቋዎች 90
kto / čto / kak - ማን/ ምን/ እንዴት 91
gde - የት 92


Impressum
Verlag: BABADADA GmbH, Nedderfeld 112 , 22529 Hamburg
Geschäftsführer / Verlagsleitung: Harald Hof
Druck: Books on Demand GmbH, In de Tarpen 42, 22848 Norderstedt

Imprint
Publisher: BABADADA GmbH, Nedderfeld 112 , 22529 Hamburg, Germany
Managing Director / Publishing direction: Harald Hof
Print: Books on Demand GmbH, In de Tarpen 42, 22848 Norderstedt, Germany


1

# škola
## ትምህርት ቤት

klassnaâ komnata
መማሪያ ክፍል

delit'
ማካፈል

doska
ሰሌዳ

škol'nyj dvor
የትምህርት ቤት ቅጥር ግቢ

učitel'
መምህር

bumaga
ወረቀት

pisat'
መፃፍ

ručka
እስክርብቶ

pis'mennyj stol
መፃፊያ ጠረጴዛ

linejka
ማስመሪያ

kniga
መጽሐፍ

učenik
ተማሪ

ranec
የጀርባ ቦርሳ

penal
የእርሳስ መያዣ

karandaš
እርሳስ

točilka
የእርሳስ መቅረጫ

lastik
ላጲስ

al'bom dlâ risovaniâ
የስዕል ደብተር

risunok

ስዕል

kistočka

የቀለም ብሩሽ

korobka krasok

የቀለም ሳጥን

nožnicy

መቀስ

klej

ማጣበቂያ

tetrad'

መልመጃ ደብተር

domašnââ rabota

የቤት ስራ

cyfra

ቁጥር

pribavlât'

መደመር

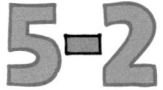

vyčitat'

መቀነስ

umnožat'

ማባዛት

sčitat'

ቁጥሮችን ማስላት

bukva

ደብዳቤ

alfavit

ፊደላት

slovo

ቃል

| tekst | čitat' | mel |
| --- | --- | --- |
| ፅሑፍ | ማንበብ | ጠመኔ |

| urok | klassnyj žurnal | èkzamen |
| --- | --- | --- |
| ትምህርት | ምዝገባ | ፈተና |

| diplom | škol'naâ forma | obrazovanie |
| --- | --- | --- |
| ሰርተፊኬት | የትምህርት ቤት የደንብ ልብስ | ትምህርት |

| èncyklopediâ | universitet | mikroskop |
| --- | --- | --- |
| አዉደ ጥበብ | ዩኒቨርስቲ | የምርምር አጉሊ መሳርያ |

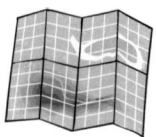 

| karta | korzina dlâ bumag |
| --- | --- |
| ካርታ | የቆሻሻ ወረቀት መጣያ ቅርጫት |

škola - ትምህርት ቤት

# putešestvie
## ጉዞ

gostinica
ሆቴል

turbaza
ማረፊያ ቤት

punkt obmena valûty
የዉጭ ገንዘብ ምንዛሪ ቢሮ

čemodan
ልብስ መያዣ ሻንጣ

avtomobil'
መኪና

âzyk
ቋንቋ

da / net
አዎ/ አይደለም

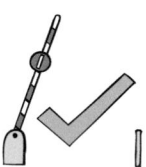

horošo
እሺ

Privet
ሰላም

perevodčik
አስተርጓሚ

Spasibo
አመስግናለሁ

Skol'ko stoit…?

ስንት ነዉ…….?

Â ne ponimaû

አልገባኝም

problema

እክል

Dobryj večer!

እንደምን አመሹ!

Dobroe utro!

እንደምን አደሩ!

Dobroj noči!

መልካም ምሽት!

Do svidaniâ

ደህና ይሰንብቱ

napravlenie

አቅጣጫ

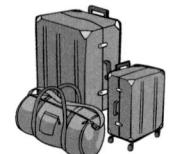

bagaž

ሻንጣ

sumka

ቦርሳ

rûkzak

የጀርባ ቦርሳ

gost'

እንግዳ

komnata

ክፍል

spal'nyj mešok

የመተኛ ቦርሳ

palatka

ድንኳን

putešestvie - ጉዞ

turističeskaâ informacyâ

የጎብኚዎች መረጃ

plâž

የባህር ዳርቻ

kreditnaâ kartočka

ክሬዲት ካርድ

zavtrak

ቁርስ

obed

ምሳ

užyn

እራት

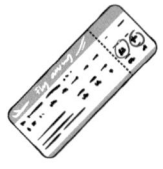

bilet

ቲኬት

lift

አሳንሰር

počtovaâ marka

ማህተም

granica

ድንበር

tamožnâ

ባህሎች

posol'stvo

ኤምባሲ

viza

ቪዛ/የይለፍ ወረቀት

pasport

ፓስፖርት

# transport
## መጓጓዣ

samolët
አዉሮፕላን

korabl'
መርከብ

požarnyj avtomobil'
የእሳት አደጋ መኪና

avtobus
አዉቶብስ

gruzovik
የጭነት መኪና

motornaâ lodka
የሞተር ጀልባ

avtomobil'
መኪና

velosiped
ብስክሌት

parom
የማመላለሻ ጀልባ

lodka
ጀልባ

motocykl
የሞተር ብስክሌት

policejskij avtomobil'
የፖሊስ መኪና

gonočnyj avtomobil'
የዉድድር መኪና

arendovannyj avtomobil'
የኪራይ መኪና

8   transport - መጓጓዣ

sovmestnoe pol'zovanie avtomobilâmi

የመኪና መጋራት

buksirovočnyj avtomobil'

ጎታች መኪና

musorovoz

የቆሻሻ ጭነት መኪና

dvigatel'

ሞተር

toplivo

ነዳጅ

zapravka

የቤንዚን ማደያ

doružnyj znak

የመንገድ ምልክት

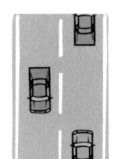

dviženie

የመኪኖች እንቅስቃሴ

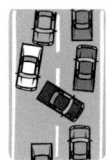

probka

የመኪና መጨናነቅ

avtostoânka

የመኪና ማቆሚያ

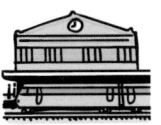

vokzal

የባቡር ጣቢያ

rel'sy

የባቡር ሀዲዶች

poezd

ባቡር

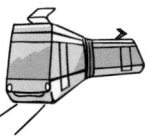

tramvaj

የኤሌክትሪክ ባቡር

vagon

ሰረገላ

vertolët

ሄሊኮፕተር

aèroport

አየር ማረፊያ

vyška

ማማ

passažyr

መንገደኛ

kontejner

ማስቀመጫ፣ ማጠራቀሚያ

korobka

ካርቶን እቃ ማሸጊያ

teležka

ጋሪ፣ ተሳቢ

korzina

ቅርጫት

vzletatʼ / prizemlâtʼsâ

መነሳት/ ማረፍ

## gorod
## ከተማ

derevnâ

መንደር

centr goroda

የከተማ ማዕከል

dom

ቤት

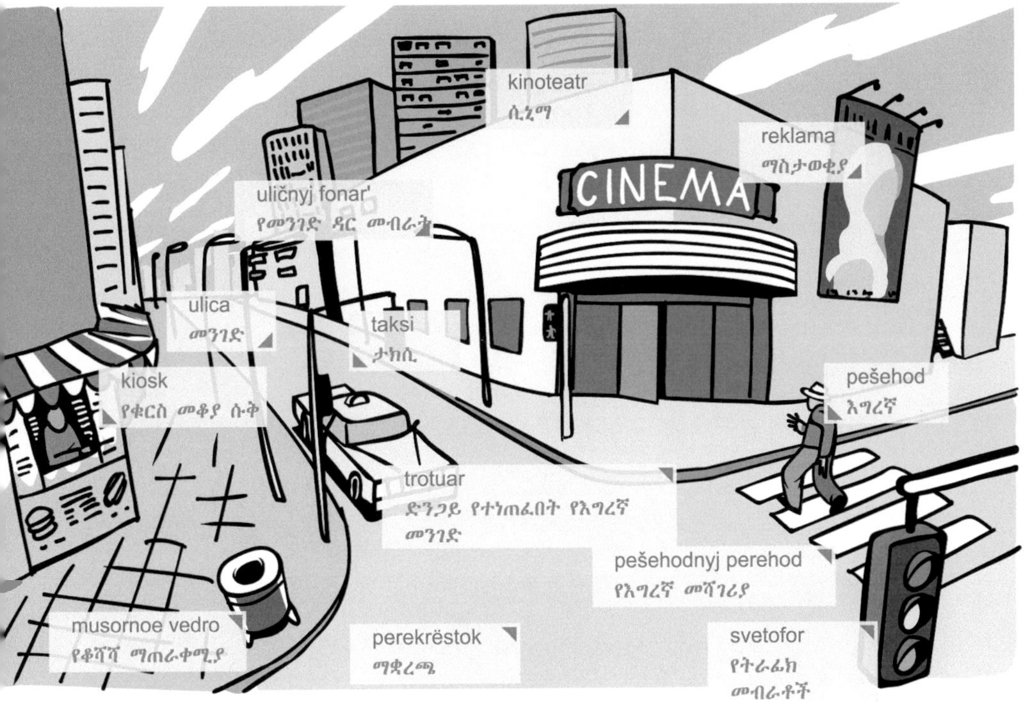

hižyna

ጎጆ

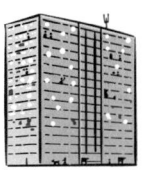

kvartira

አፓርታማ

vokzal

የባቡር ጣቢያ

ratuša

የከተማ አዳራሽ

muzej

ቤተ መዘክር

škola

ትምህርት ቤት

gorod - ከተማ

universitet

ዩኒቨርስቲ

bank

ባንክ

bol'nica

ሆስፒታል

gostinica

ሆቴል

apteka

መድሐኒት ቤት

ofis

ቢሮ

knižnyj magazin

መፅሐፍ መሸጫ

magazin

ሱቅ

cvetočnyj magazin

የአበባ መሸጫ

supermarket

የሸቀጣ ሸቀጥ መደብር

rynok

ገበያ ስፍራ

univermag

መደብር

torgovec ryboj

የዓሳ ነጋዴ

torgovyj centr

የገበያ ማዕከል

port

ወደብ

gorod - ከተማ

park

መናፈሻ ቦታ

skamejka

አግዳሚ ወንበር

most

ድልድይ

lestnica

ደረጃዎች

metro

ዉስጥ ለዉስጥ

tonnel'

ዋሻ

avtobusnaâ ostanovka

የአዉቶቡስ ፌርማታ

bar

ባር

restoran

ምግብ ቤት

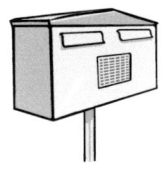

počtovyj âŝik

የፖስታ ሳጥን

tablička s nazvaniem ulicy

የመንገድ ምልክት

parkometr

የመኪና ማቆሚያ ሒሳብ የሚያሰላ ማሽን

zoopark

የደር እንስሳት ማቆያ

bassejn

የመዋኛ ገንዳ

mečet'

መስጊድ

gorod - ከተማ

ferma

እርሻ

zagrâznenie okružaûŝej sredy

የሚበክል ነገር

kladbiŝe

መቃብር ስፍራ

cerkov'

ቤተ ክርስቲያን

detskaâ ploŝadka

መጫወቻ ሜዳ

hram

ቤተ መቅደስ

# landšaft

## መልክዓምድር

list
ቅጠል
dorožnyj ukazatel'
የመንገድ ላይ ምልክት
doroga
መንገድ
lug
አረንጓዴ መስክ
kamen'
ድንጋይ
derevo
ዛፍ
putešestvennik
በእግሩ የሚጓዝ
reka
ወንዝ
trava
ሳር
cvetok
አበባ

14 landšaft - መልክዓምድር

dolina

ሸለቆ

gora

ኮረብታ

ozero

ሀይቅ

les

ጫካ

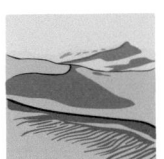

pustynâ

በረሃ

vulkan

እሳተ ገሞራ

zamok

ግምብ

raduga

ቀስተ ዳመና

grib

እንጉዳይ

pal'ma

የቴምብር ዛፍ/ ዘንባባ

komar

ቢንቢ/ የወባ ትንኝ

muha

በራሪ

muravej

ጉንዳን

pčela

ንብ

pauk

ሸረሪት

landšaft - መልከዓምድር

žuk

ጢንዚዛ

lâguška

እንቁራሪት

belka

ሽኮኮ

ež

ጃርት

zaâc

ጥንቸል

sova

ጉጉት ወፍ

ptica

ወፍ

lebed'

የዉሃ ዳክዬ

kaban

ከርከሮ

olen'

አጋዘን

los'

አጋዘን

plotina

ግድብ

vetrânoj generator

በነፋስ የሚሽከረከር

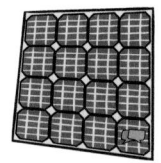

solnečnaâ batareâ

የፀሀይ ፓኔሎ

klimat

አየር ንብረት

# restoran
## ምግብ ቤት

**oficyant** አስተናጋጅ
**menû** ማዊጫ
**stul** ወንበር
**sup** ሾርባ
**picca** ፒዛ
**stolovye pribory** መከተፊያ
**skatert'** የጠረጴዛ ጨርቅ

**zakuska**
የምግብ ፍላጎትን የሚከፍት ምግብ

**glavnoe blûdo**
ዋና ምግብ

**desert**
ማጣጣሚያ ተከታይ ምግብ

**napitki**
መጠጦች

**eda**
ምግብ

**butylka**
ጠርሙስ

restoran - ምግብ ቤት

fastfud

ፈጣን ምግብ

uličnaâ eda

የመንገድ ምግብ

čajnik

የሻይ ማንቆርቆሪያ

saharnica

የስኳር እቃ

porcyâ

ድርሻ

kofevarka

የቡና ማፊያ ማሽን

detskij stul'čik

ባለጌ ወንበር

sčet

የክፍያ ደረሰኝ

podnos

ትሪ

nož

ቢላዋ

vilka

ሹካ

ložka

ማንኪያ

čajnaâ ložka

የሻይ ማንኪያ

salfetka

ልብስ ምግብ እንዳይነካ የሚረዳ ጨርቅ

stakan

ብርጭቆ

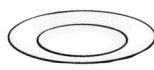

tarelka

ዝርግ ሰሀን

supovaâ tarelka

የሾርባ ጎድጓዳ ሰሀን

blûdce

የስኒ ማስቀመጫ

sous

ማጣፈጫ ስጎ

solonka

የጨዉ እቃ

mel'nica dlâ perca

የተፈጨ ቃሪያ

uksus

ኮምጣጤ

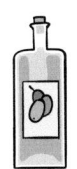

maslo

የምግብ ዘይት

specyi

ቀመማ ቅመሞች

ketčup

የቲማቲም ድልህ

gorčica

ሰናፍጭ

majonez

ማዮኒዝ

# supermarket
## የሸቀጣ ሸቀጥ መደብር

specyal'noe predloženie
ልዩ አቅርቦት

pokupatel'
ደምበኛ

moločnye produkty
የወተት ተዋፅዖ

frukty
ፍራፍሬ

teležka dlâ pokupok
ባለ ጎማ የእጅ ጋሪ

mâsnoj magazin

ሉካንዳ ነጋዴ

pekarnâ

መጋገሪያ

vzvešyvat'

ክብደት መመዘን

ovoŝi

ቅጠላ ቅጠል አትክልት

mâso

ስጋ

bystrozamorožennye produkty

የቀዘቀዘ/የረጋ ምግብ

supermarket - የሸቀጣ ሸቀጥ መደብር

narezka

ቀዝቃዛ ቁራጭ

konservy

የታሸገ ምግብ

stiral'nyj porošok

የማጠቢያ ዱቄት

sladosti

ጣፋጮች

predmet domašnego obihoda

የቤት ዉስጥ ዉጤቶች

moûŝee sredstvo

የፅዳት ምርቶች

prodavŝica

የሽያጭ ባለሙያ

kassa

የገንዘብ መመዝገቢያ ማሽን

kassir

የሒሳብ ሰራተኛ

spisok pokupok

የግዢ ዝርዝር

vremâ raboty

ክፍት ሰዓታት

bumažnik

የኪስ ቦርሳ

kreditnaâ kartočka

ክሬዲት ካርድ

sumka

ቦርሳ

poliètilenovyj paket

የፕላስቲክ ቦርሳ

# napitki

## መጠጦች

voda

ውሃ

sok

ጭማቂ

moloko

ወተት

koka-kola

ኮካ-ኮላ

vino

ወይን

pivo

ቢራ

alkogol'

አልኮል

kakao

ኮካ

čaj

ሻይ

kofe

ቡና

èspresso

የተፈላ ቡና

kapučino

ካፑቺኖ

# eda

## ምግብ

banan

ሙዝ

âbloko

ፖም

apel'sin

ብርቱካን

arbuz

ሀብሀብ

limon

ሎሚ

morkov'

ካሮት

česnok

ነጭ ሽንኩርት

bambuk

ሸምበቆ

luk

ቀይ ሽንኩርት

grib

እንጉዳይ

orehi

ለዉዝ

lapša

የህፃናት ምግብ

spagetti

ፓስታ

ris

ሩዝ

salat

ሰላጣ

kartofel' fri

የድንች ጥብስ

žarenyj kartofel'

ድንች ጥብስ

picca

ፒዛ

gamburger

ዳቦ ዉስጥ በስሱ ተጠብሶ የገባ ስጋ

sèndvič

ሳንድዊች

šnicel'

ጥሬ ስጋ

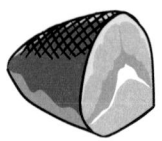

vetčina

የአሳማ ስጋ

salâmi

በቅመምና በጨዉ የታሸ ምግብ ቀዝቅዞ የሚበላ ሾርባ ምግብ

kolbasa

ቋሊማ

kurica

ዶሮ

žarkoe

ጥብስ

ryba

አሳ

ovsânye hlop'â
የአጃ ገንፎ

mûsli
ከወተት ጋር ተደባልቀዉ የሚበሉ ምግቦች

kukuruznye hlop'â
የበቆሎ ቅርፊት

muka
ዱቄት

kruassan
ኩራሳ

buločka
ድብልብል ዳቦ

hleb
ዳቦ

tost
መጥበስ

pečen'e
ብስኩት

maslo
ቅቤ

tvorog
እርጎ

pirog
ኬክ

âjco
እንቁላል

âičnica
እንቁላል ጥብስ

syr
አይብ

eda - ምግብ

moroženoe

የበረዶ ክሬም

sahar

ስኳር

mëd

ማር

marmelad

ማርማላት

krem s nugoj

የተናጠ የወተት ክሬም

karri

ማጣፈጫ

# ferma
# እርሻ

krest'ânskij dom
የገበሬ ቤት

saraj
የእህልና የከብት ማቀመጫ ቤት

lošad'
ፈረስ

tûk iz solomy
የጭድ ክምር

pole
ሜዳ

pricep
ተሳቢ መኪና

žerebënok
የፈረስ ዉርንጭላ

traktor
የእርሻ መኪና

osël
አህያ

âgnënok
የበግ ጠቦት

ovca
በግ

koza
ፍየል

korova
ላም

telënok
ጥጃ

svin'â
አሳማ

porosënok
ግልገል አሳማ

byk
ኮርማ

gus'

ዝይ

utka

ዳክዬ

cyplënok

የዶሮ ጫጩት

kurica

ዶሮ

petuh

አዉራ ዶሮ

krysa

አይጥ

koška

ደድመት

myš'

አይጥ

vol

በሬ

sobaka

ዉሻ

konura

የዉሻ ቤት

sadovyj šlang

የአትክልት ቦታ

lejka

ዉሃ ማጠጫ ባልዲ

kosa

ረጅም ማጭድ

plug

ማረሻ

serp

ማጭድ

motyga

መኮትኮቻ

navoznye vily

የእህል መንሽ

topor

መጥረቢያ

tačka

ኩርኩር/ የእጅ ጋሪ

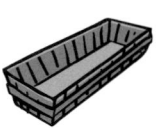

koryto

ገንዳ

bidon dlâ moloka

የወተት ዕቃ

mešok

ጆንያ ከረጢት

zabor

አጥር

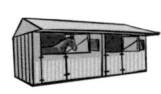

hlev

የፈረስ ጋጣ

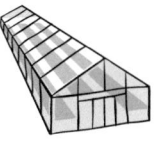

teplica

ዕፅዋት ማሳደጊያ የመስታዉት ቤት

počva

አፈር

posev

ዘር

udobrenie

የመሬት ማዳበሪያ

kombajn

ጥምር ማረሻ

sobirat' urožaj

አዝመራ መሰብሰብ

urožaj

አዝመራ

âms

ድንች

pšenica

ስንዴ

soâ

ሶያ

kartofel'

ድንች

kukuruza

በቆሎ

raps

የከብት መኖ

fruktovoe derevo

የፍሬ ዛፍ

maniok

የካሳቫ ዛፍ

zlaki

እህል

ferma - እርሻ

# dom

## ቤት

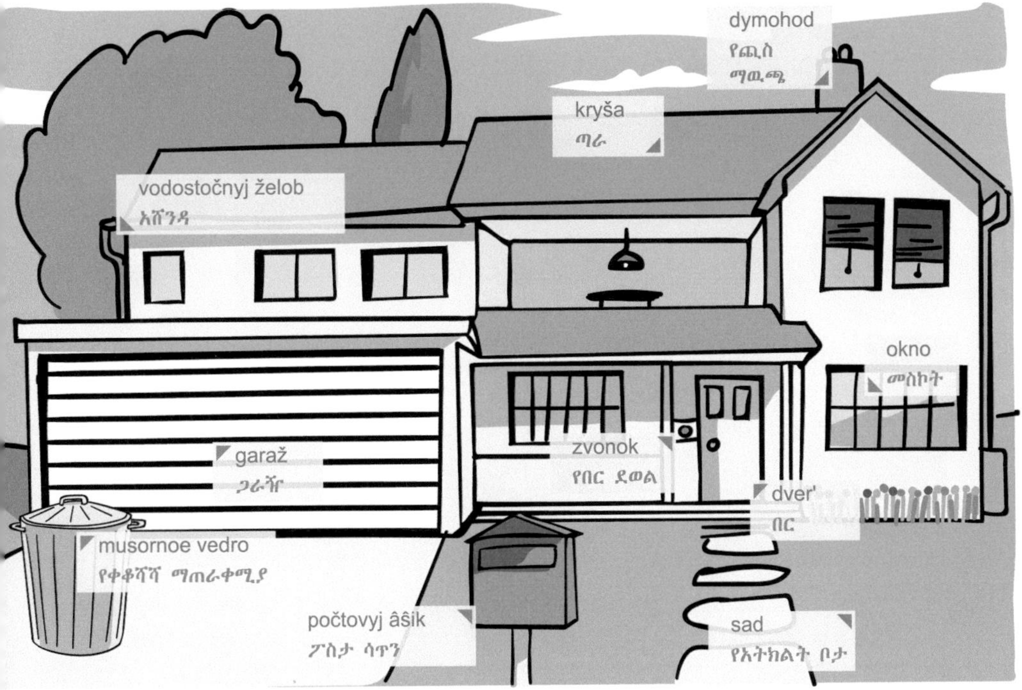

dymohod
የጪስ ማዉጫ
kryša
ጣራ
vodostočnyj želob
አሸንዳ
okno
መስኮት
garaž
ጋራዥ
zvonok
የበር ደወል
dver'
በር
musornoe vedro
የቆሻሻ ማጠራቀሚያ
počtovyj âŝik
ፖስታ ሳጥን
sad
የአትክልት ቦታ

gostinaâ

ሳሎን

vannaâ komnata

መታጠቢያ ቤት

kuhnâ

ማድቤት

spal'nâ

መኝታ ቤት

detskaâ komnata

የልጅ ክፍል

stolovaâ

መመገቢያ ክፍል

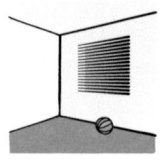

pol

ወለል

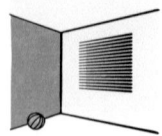

stena

ግድግዳ

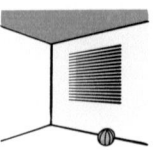

potolok

ጣሪያ

podval

ምድር ቤት

sauna

በእንፋሎት ሙቀት መታጠቢያ ቤት

balkon

ሰገነት

terrasa

ከፍ ያለ መደብ

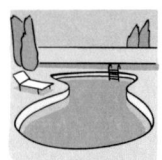

bassejn

የመዋኛ ገንዳ

gazonokosilka

የማጨጃ መኪና

pododeâl'nik

አንሶላ

pokryvalo

የአልጋ ልብስ

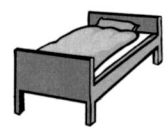

krovat'

አልጋ

metla

መጥረጊያ

vedro

ባልዲ

vyklûčatel'

ማብሪያና ማጥፊያ

dom - ቤት

# gostinaâ
## ሳሎን

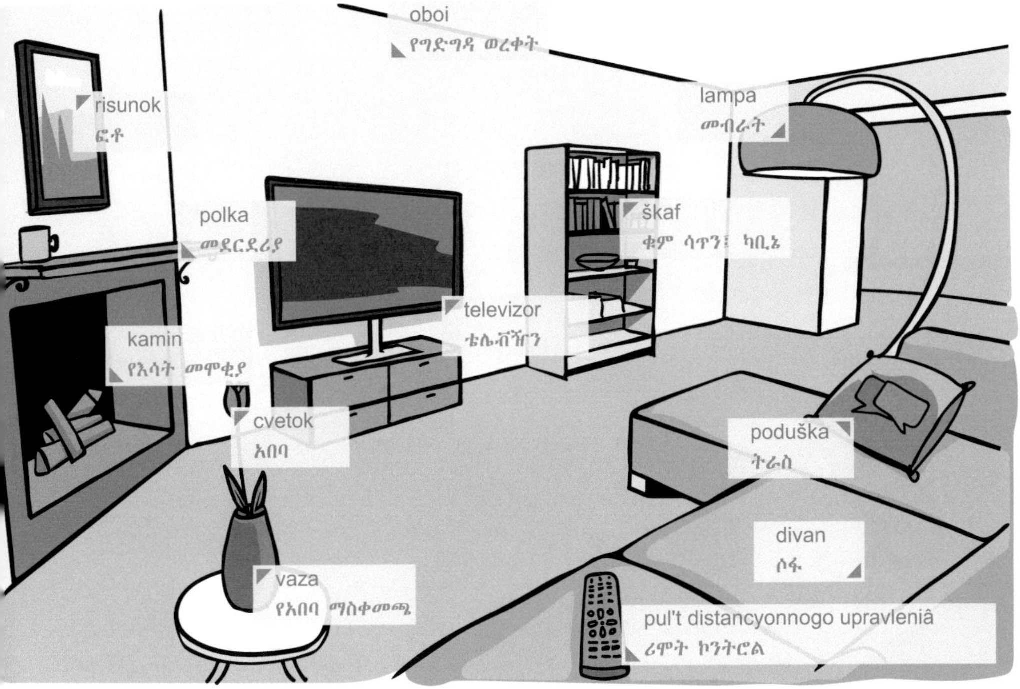

- oboi — የግድግዳ ወረቀት
- risunok — ፎቶ
- lampa — መብራት
- polka — መደርደሪያ
- škaf — ቁም ሳጥን፣ ካቢኔ
- kamin — የእሳት መሞቂያ
- televizor — ቴሌቭዠን
- cvetok — አበባ
- poduška — ትራስ
- vaza — የአበባ ማስቀመጫ
- divan — ሶፋ
- pul't distancyonnogo upravleniâ — ሪሞት ኮንትሮል

kovër

ንጣፍ

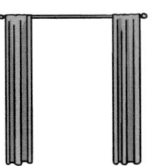

štora

መጋረጃ

stol

ጠረጴዛ

stul

ወንበር

kreslo-kačalka

ተወዛዋጊ ወንበር

kreslo

ባለመደገፊያ ወንበር

gostinaâ - ሳሎን

kniga

መጽሐፍ

pokryvalo

ብርድ ልብስ

ukrašenie

ጌጥ

drova

ማገዶ

fil'm

ፊልም

stereosistema

የሙዚቃ መማጫወቻ

klûč

ቁልፍ

gazeta

ጋዜጣ

kartina

ስዕል

plakat

የተለጠፈ ማስታወቂያ እንደ ስዕል

radio

ራዲዮ

bloknot

ማስታወሻ ደብተር

pylesos

የአየር ማፅጃ ለምንጣፍ

kaktus

ቁልቋል

sveča

ሻማ

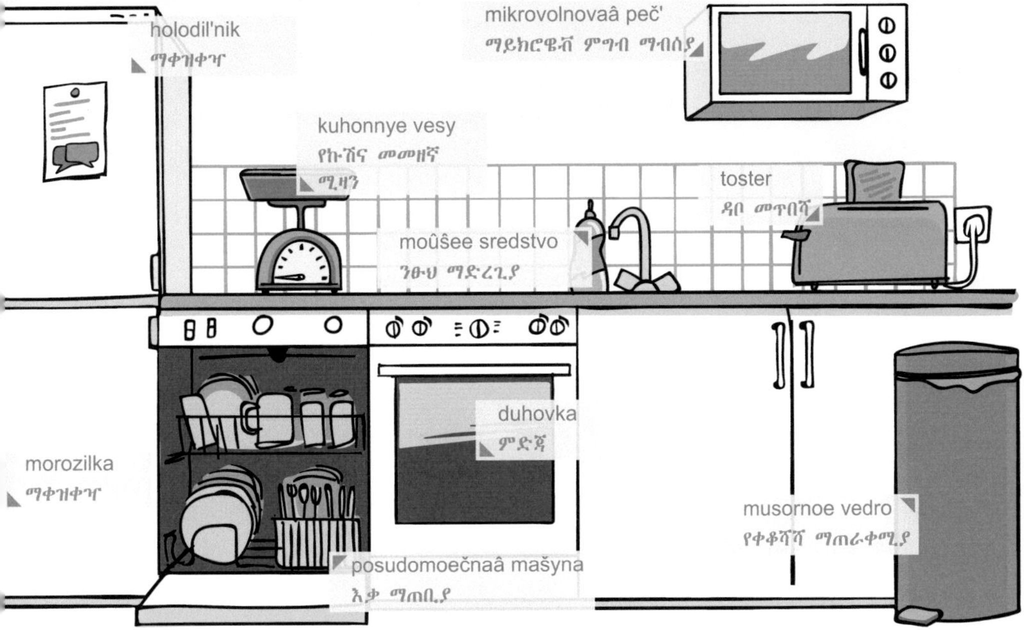

# kuhnâ
## ማድቤት

- holodil'nik — ማቀዝቀዣ
- mikrovolnovaâ peč' — ማይክሮዌቭ ምግብ ማብሰያ
- kuhonnye vesy — የኩሽና መመዘኛ ሚዛን
- toster — ዳቦ መጥበሻ
- moûŝee sredstvo — ንፁህ ማድረጊያ
- duhovka — ምድጃ
- morozilka — ማቀዝቀዣ
- musornoe vedro — የቀቆሻሻ ማጠራቀሚያ
- posudomoečnaâ mašyna — እቃ ማጠቢያ

plita

ምግብ አብሳይ

kastrûlâ

ማሰሮ

čugunnyj kotelok

የብረት ማሰሮ

vok / kadaj

ምግብ ማብሰያ ዝርግ ድስት

skovoroda

የምግብ መጥበሻ

čajnik

ማንቆርቆሪያ

parovarka

የእንፋሎት ማብሰያ

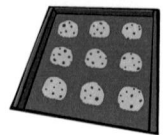

protiven'

የመጋገሪያ ትሪ

posuda

ሰብስቦች

kružka

ትልቅ ኩባያ

miska

ጎድጓዳ ሳህን

paločki dlâ edy

ቾፕስቲክስ

polovnik

ጭልፋ

lopatka

መሰቅሰቂያ ዝርግ ማንኪያ

sbivalka

ማደባለቂያ

sito

መወጠሪያ

sito

ወንፊት

tërka

መፈርፈሪያ መሳሪያ

stupka

ሲሚንቶ

gril'

የፍም ጥብስ

kostër

የተለቀቀ እሳት

doska

መክተፊያ

skalka

ተንሸራታች መርፌ

štopor

የጠርሙስ መክፈቻ

žestânaâ banka

ጣሳ

konservnyj nož

የጣሳ መክፈቻ

prihvatka

የማሰሮ መሸፈኛ

rakovina

ሳህን ማጠቢያ

ŝetka

ብሩሽ

gubka

ስፖንጅ

mikser

መደባለቂያ መሳሪያ

morozil'naâ kamera

በጣም ማቀዝቀዣ

butyločka dlâ kormleniâ

ጡጦ

kran

ቧንቧ

# vannaâ komnata

## መታጠቢያ ቤት

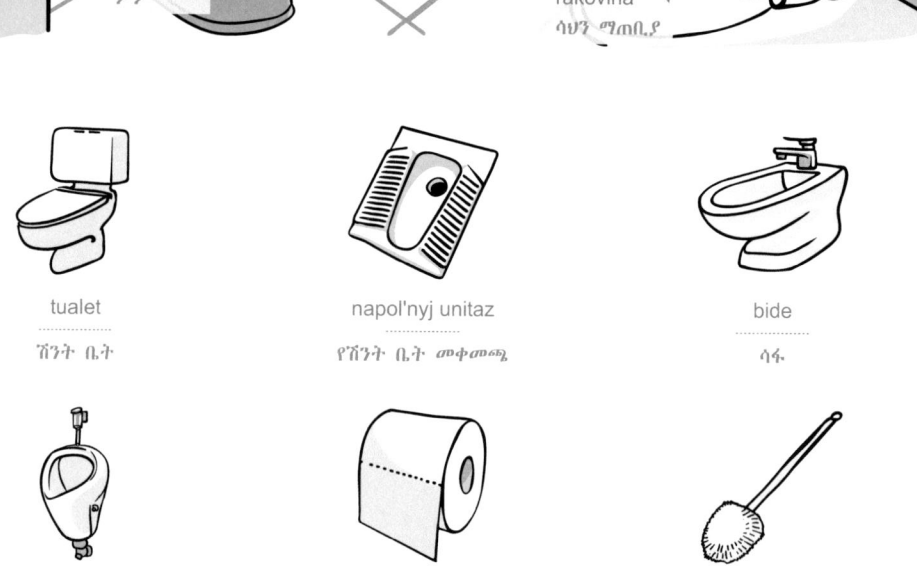

otoplenie
ማሞቂያ
duš
መታጠቢያ
polotence
ፎጣ
duševaâ zanaveska
የመታጠቢያ ቤት መጋረጃ
penistaâ vanna
የአረፋ መታጠቢያ
vanna
የመታጠቢያ ገንዳ
stakan
ብርጭቆ
stiral'naâ mašyna
የልብስ ማጠቢያ
kran
ቧንቧ
plitka
ማዕዘን ወለል
goršok
ፖፖ
rakovina
ሳህን ማጠቢያ

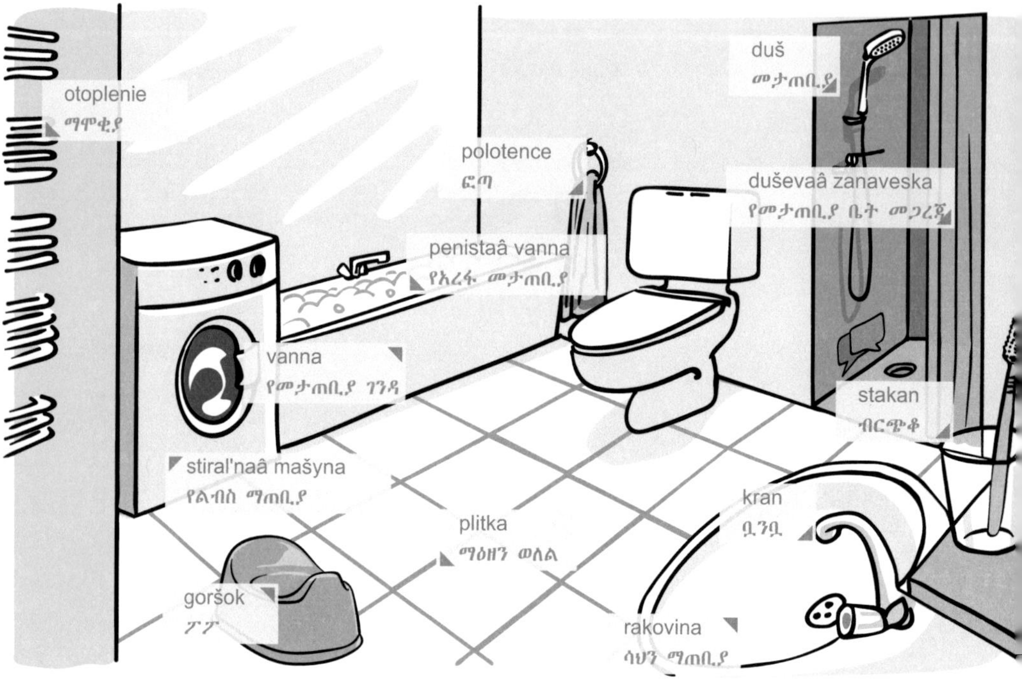

tualet

ሽንት ቤት

napol'nyj unitaz

የሽንት ቤት መቀመጫ

bide

ሳፋ

pissuar

የመንገድ ዳር መሽኛ

tualetnaâ bumaga

የሽንት ቤት ወረቀት

eršyk

የሽንት ቤት ማፅጃ ብሩሽ

38 vannaâ komnata - መታጠቢያ ቤት

zubnaâ šetka

የጥርስ ብሩሽ

zubnaâ pasta

የጥርስ ሳሙና

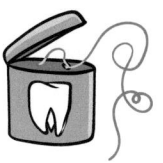

zubnaâ nit'

የጥርስ ማፅጃ ክር

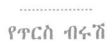

myt'

መታጠብ

ručnoj duš

የእጅ መታጠቢያ

intimnyj duš

መታጠቢያ

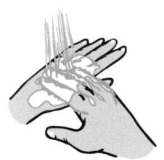

taz

ጎድጓዳ ሳህን

šetka dlâ spiny

የጀርባ ብሩሽ

mylo

ሳሙና

gel' dlâ duša

የመታጠቢያ የሚዝለገለግ ሳሙና

šampun'

የፀጉር መታጠቢያ ሳሙና

močalka

ለስላሳ ጨርቅ

stok

ፍሳሽ

krem

ክሬም

dezodorant

ጠረን መቀየሪያ ንጥረ ነገር

zerkalo

መስታወት

ručnoe zerkalo

የእጅ መስታወት

britva

ምላጭ

pena dlâ brit'â

የመላጫ አረፋ

los'on posle brit'â

ከመላጨት በኋላ የሚቀባ ሽቱ

rasčeska

ማበጠሪያ

ŝetka

ብሩሽ

fen

የፀጉር ማድረቂያ

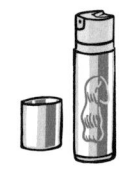

lak dlâ volos

በፀጉር ላይ የሚነፋ

kosmetika

የፊት መቀባቢያ

gubnaâ pomada

የከንፈር ቀለም

lak dlâ nogtej

የጥፍር ቀለም

vata

የጥጥ ሱፍ

manikûrnye nožnicy

ጥፍር መቁረጫ

duhi

ሽቶ

| kosmetička | taburetka | vesy |
|---|---|---|
| ማጠቢያ ባልዲ | መቀመጫ | ሚዛን |

 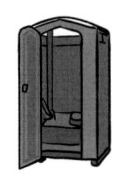 

| halat | rezinovye perčatki | tampon |
|---|---|---|
| የመታጠቢያ ልብስ | የላስቲክ ጓንት | ሞዴስ |

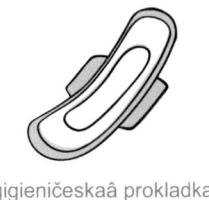

gigieničeskaâ prokladka
የፅዳት ፎጣ

biotualet
የሽንት ቤት ኬሚካል

# detskaâ komnata

## የልጅ ክፍል

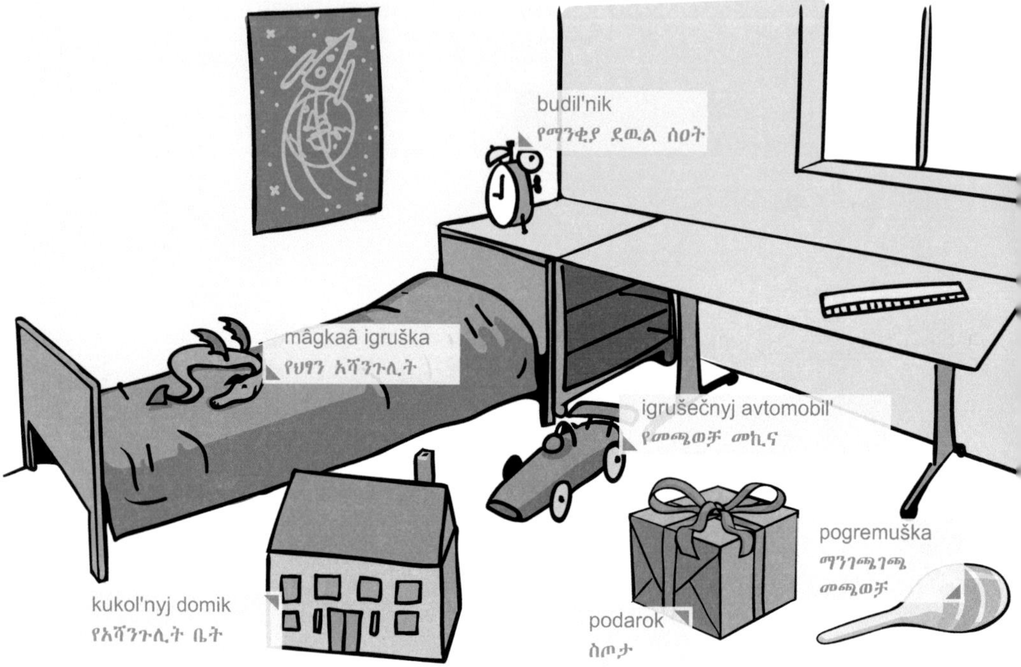

budil'nik
mâgkaâ igruška
የህፃን አሻንጉሊት
igrušečnyj avtomobil'
የመጫወቻ መኪና
pogremuška
ማንገጫገጫ
መጫወቻ
kukol'nyj domik
የአሻንጉሊት ቤት
podarok
ስጦታ

vozdušnyj šar

ፊኛ

krovat'

አልጋ

detskaâ kolâska

የህፃን ማንሸራሸሪያ ጋሪ

kartočnaâ igra

የካርታ መጫወቻ

pazl

ቁርጥራጭ ምስሎችን የማገጣጠም
እና ምስል የማግኘት ጨዋታ

komiks

አዝናኝ

kirpičiki Lego

ተገጣጣሚ መጫወቻ

kubiki

የመጫወቻ መገጣጠሚያዎች

igrušečnaâ figurka

የድርጊት ምስል

polzunki

የህፃን እድገት

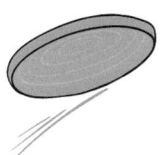

frisbi

የፕላስቲክ መጫወቻ ዝርግ ሰሀን

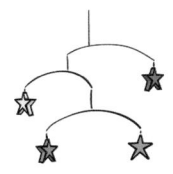

mobile

ተወዛዋዥ የህፃን ማጫወቻ

nastol'naâ igra

የሰሌዳ ጨዋታ

kubik

የመጫወቻ ጠጠር

model' železnoj dorogi

የመጫወቻ ባቡር

soska

የእንጀራ እናት ጡጦ

večerinka

ድግስ

kniga s kartinkami

የስዕል መፅሀፍ

mâč

ኳስ

kukla

አሻንጉሊት

igrat'

መጫወት

detskaâ komnata — የልጅ ክፍል   43

pesočnica

የአሸዋ መጫወቻ

kačeli

ዥዋዥዌ

igruška

መጫወቻዎች

igrovaâ pristavka

የቪዲዮ መጫወቻ

trëhkolesnyj velosiped

ባለ ሶስት ጎማ ብስክሌት

plûševyj medvežonok

የአሻንጉሊት ድብ

škaf dlâ odeždy

ቁምሳጥን

## odežda
## አልባሳት

noski

ካልሲዎች

čulki

ስቶኪንጎች

kolgotki

ታይት

sandalii

ነጠላ ጫማዎች

botinki

ጫማዎች

rezinovye sapogi

የዝናብ ቡትስ

trusy

ሙታንታ

bûstgal'ter

ጡት መያዣ

majka

ሰደርያ

bodi

ሰዉነት

brûki

ሱሪዎች

džynsy

ጅንስ

ûbka

ጉርድ ቀሚስ

bluzka

ሸሚዝ

rubaška

ሸሚዝ

sviter

የሚጠለቅ ሹራብ

sviter

ሹራብ

sportivnaâ kurtka

ዩኒፎርም ጃኬት

žaket

ጃኬት

pal'to

ኮት

plaŝ

የዝናብ ኮት

kostûm

ልብስ

plat'e

ቀሚስ

svadebnoe plat'e

የሙሽራ ቀሚስ

46

odežda - አልባሳት

mužskoj kostûm

ሱፍ

nočnaâ soročka

የለሊት ልብስ

pižama

የለሊት ልብስ

sari

ረጅም ቀሚስ

platok

ሂጃብ

tûrban

ጥምጣም

parandža

ቡርቃ

kaftan

ሽርጥ

abajâ

አባያ

kupal'nik

የዋና ልብስ

plavki

አጭር ቁምጣ

šorty

ቁምጣዎች

sportivnyj kostûm

የስራ ቱታ

fartuk

ሽርጥ

perčatki

ጓንት

pugovica

ቁልፍ

očki

መነፅር

braslet

አምባር

cepočka

የአንገት ሀብል

kol'co

ቀለበት

ser'ga

የጆሮ ጌጥ

šapka

ኮፍያ

vešalka

የኮት መስቀያ

šlâpa

ኮፍያ

galstuk

ከረቫት

zastežka molniâ

ዚፕ

šlem

የብረት ቆብ

podtâžki

መደገፊያ

škol'naâ forma

የትምህርት ቤት የደንብ ልብስ

forma

የደንብ ልብስ

detskij nagrudnik

መሃረብ

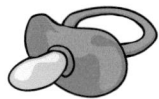

soska

የእንጀራ እናት ጡጦ

podguznik

ሽንት ጨርቅ

# ofis

## ቢሮ

server
ማሰራጫ ጣቢያ
kancelârskij škaf
የፋይል መደርደሪያ ካቢኔ
printer
የህትመት መሳሪያ
bumaga
ወረቀት
monitor
መቆጣጠሪያ
myš'
ማዉዝ
pis'mennyj stol
መፃፊያ ጠረጴዛ
papka
ማህደር
klaviatura
የመፃፊ ቁልፎች
korzina dlâ bumag
የቆሻሻ ወረቀት መጣያ ቅርጫት
komp'ûter
ኮምፒዉተር
stul
ወንበር

kofejnaâ kružka

የቡና መጠጫ ትልቅ ኩባያ

kal'kulâtor

ማስሊያ ማሽን

internet

ኢንተርኔት

noutbuk

ላፕቶፕ

pis'mo

ደብዳቤ

soobŝenie

መልዕክት

mobil'nyj telefon

ተንቀሳቃሽ ስልክ

set'

የግንኙነት አዉታር

kseroks

ማባዣ ማሽን

programma

ሶፍትዌር

telefon

ስልክ

rozetka

የግድግዳ ሶኬት

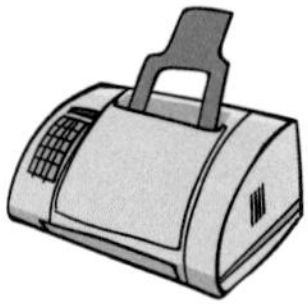

faks

የፋክስ ማሽን

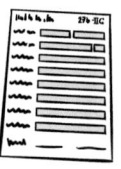

formulâr

ቅፅ

dokument

ሰነድ

ofis - ቢሮ

# èkonomika

ኢኮኖሚ

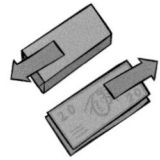

pokupat'
መግዛት

platit'
መክፈል

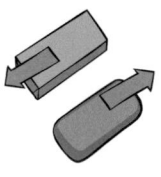

torgovat'
መነገድ

den'gi
ገንዘብ

dollar
ዶላር

evro
ዩሮ

iena
የን

rubl'
ሩብል

frank
የስዊዝ ፍራንክ

žèn'min'bi ûan'
ሬንሚንቢ ዩዋን

rupiâ
ሩጲ

bankomat
የገንዘብ ነጥብ

èkonomika - ኢኮኖሚ 51

punkt obmena valûty
የዉጭ ገንዘብ ምንዛሪ ቢሮ

zoloto
ወርቅ

serebro
ብር

neft'
ዘይት

ènergiâ
ሀይል ፤ ጉልበት

cena
ዋጋ

dogovor
ግንኙነት

nalog
ቀረጥ

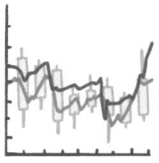
akcyâ
አክስዮን

rabotat'
መስራት

služaŝij
ተቀጣሪ

rabotodatel'
ቀጣሪ

fabrika
ፋብሪካ

magazin
ሱቅ

èkonomika - ኢኮኖሚ

# professii
## የስራ ሙያዎች

milicyoner
የፖሊስ አዛዥ

požarnyj
የእሳት አደጋ ሰራተኛ

povar
ምግብ አብሳይ

vrač
ዶክተር

pilot
አብራሪ

sadovnik
አትክልተኛ

stolâr
አናጢ

šveâ
ልብስ ሰፊ ሴት

sud'â
ዳኛ

himik
ቀማሚ

aktër
ተዋናይ

voditel' avtobusa

የአዉቶቢስ ሹፌር

taksist

የታክሲ ሹፌር

rybak

አሳ አጥማጅ

uborŝica

ፅዳት ሰራተኛ

krovel'ŝik

የጣራ ሰራተኛ

oficyant

አስተናጋጅ

ohotnik

አዳኝ

hudožnik

ሰዓሊ

pekar'

ጋጋሪ

èlektrik

የኤሌትሪክ ሰራተኛ

stroitel'

ገምቢ

inžener

መሃንዲስ

mâsnik

ልኳንዳ

santehnik

የቧንቧ ሰራተኛ

počtal'on

የፖስታ ሰራተኛ

soldat
ወታደር

arhitektor
መሃንዲስ

kassir
የሒሳብ ሰራተኛ

florist
አበባ ሻጭ

parikmaher
የፀጉር ሰራተኛ

konduktor
ቲኬት ቆራጭ

mehanik
መካኒክ

kapitan
ካፒቴን

zubnoj vrač
የጥርስ ሐኪም

učenyj
ተመራማሪ

ravvin
መምህር

imam
የሙስሊም ሃይማኖታዊ መሪ

monah
መነኩሴ

svâŝennik
ካህን

professii - የስራ ሙያዎች

# instrumenty
## መሳሪያዎች

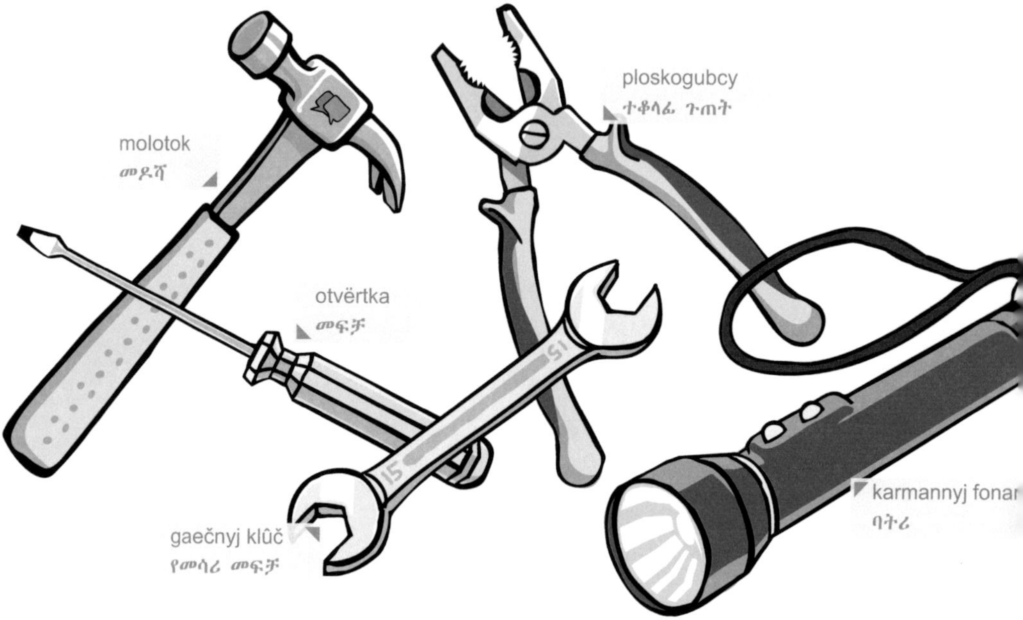

ploskogubcy
ተቆላፊ ጉጠት
molotok
መዶሻ
otvërtka
መፍቻ
gaečnyj klûč
የመሳሪ መፍቻ
karmannyj fonar
ባትሪ

èkskavator

በቁፋሮ የሚዝቅ

âŝik dlâ instrumentov

የመፍቻ ሳጥን

stremânka

መሰላል

pila

መጋዝ

gvozdi

ምስማር

drel'

መሰርሰሪያ

remontirovat'

መጠገን

lopata

አካፋ

Blin!

የተረገመ!

sovok

ቆሻሻ ማፈሻ

vedro s kraskoj

የቀለም ቆርቆሮ

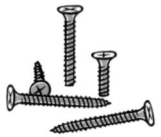

vinty

ብሎን

# muzykal'nye instrumenty

## የሙዚቃ መሳሪያዎች

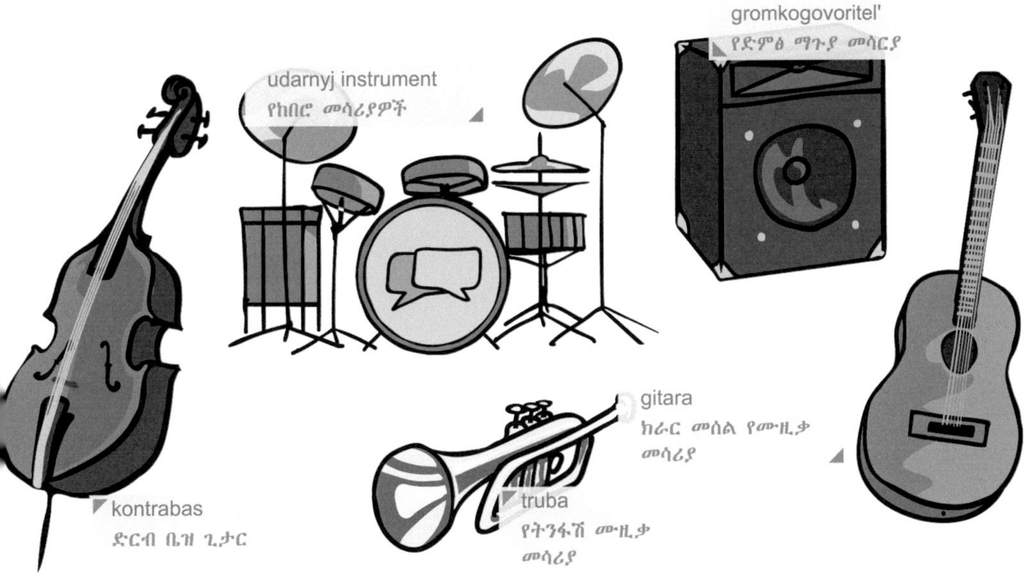

gromkogovoritel'
የድምፅ ማጉያ መሳርያ
udarnyj instrument
የከበሮ መሳሪያዎች
gitara
ክራር መሰል የሙዚቃ መሳሪያ
kontrabas
ድርብ ቤዝ ጊታር
truba
የትንፋሽ ሙዚቃ መሳሪያ

muzykal'nye instrumenty - የሙዚቃ መሳሪያዎች 57

pianino

ፒያኖ

skripka

ቫዮሊን

bas-gitara

ወፍራም፤ጎርናና ድምፅ ያለዉ ክራር መሰል ሙዚቃ መሳሪያ

litavry

ነጋሪት

baraban

ክበሮ

sintezator

በኤሌክትሪክ የሚሰራ ፒኖ

saksofon

የትንፋሽ ሙዚቃ መሳሪያ

flejta

ዋሽንት

mikrofon

የድምፅ ማጉያ

# zoopark
## የደር እንስሳት ማቆያ

tigr
ነብር

vhod
መግቢያ

kletka
ሳጥን

zebra
የሜዳ አህያ

korm
የእንስሳ ምግብ

panda
ትልቅ ድብ

žyvotnye

እንስሳቶች

slon

ዝሆን

kenguru

ካንጋሮ

nosorog

አዉራሪስ

gorilla

ትልቅ ዝንጀሮ

medved'

ድብ

verblûd

ግመል

straus

ሰጎን

lev

አንበሳ

obez'âna

ጦጣ

flamingo

ቅልጥመ ረዥም ወፍ

popugaj

በቀቀን

belyj medved'

የወዋልታ ድብ

pingvin

የዋልታ ወፎች

akula

ረጅም ጥርሶች ያሉትአሳ ነባሪ

pavlin

ጣዎስ

zmeâ

እባብ

krokodil

አዞ

služytel' zooparka

የዱር አራዊት የሚጠበቁበት ማቆያን የሚጠብቅ

tûlen'

አሳ በሊታ የባህር እንስሳ

âguar

የዱር ድመት

poni

ድንክ ፈረስ

leopard

ነብር

begemot

ጉማሬ

žyraf

ቀጭኔ

orël

ንስር

kaban

ከርከሮ

ryba

አሳ

čerepaha

የባህር ኤሊ

morž

የባህር አዉሬ

lisa

ቀበሮ

gazel'

የሜዳ ፍየል ፤ ሚዳቋ

# sport

# የስፖርት አይነቶች

futbol

እግር ኳስ

badminton

የላባ ኳስ ጨዋታ

lëgkaâ atletika

አትሌቲክስ

gandbol

የእጅ ኳስ ስፖርት

lyžnyj sport

የበረዶ መንሸራተት ስፖርት

polo

ፈረስ ግልቢያ

# dejstviâ
# እንቅስቃሴዎች

pisat'

መፃፍ

risovat'

መሳል

pokazyvat'

ማሳየት

nažymat'

መግፋት

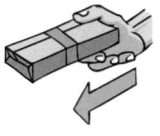

davat'

መስጠት

brat'

መዉሰድ

imet'

መያዝ

delat'

ማድረግ

byt'

መሆን

stoât'

መቆም

bežat'

መሮጥ

tânut'

መሳብ

brosat'

መወርወር

padat'

መዉደቅ

ležat'

መዋሸት

ždat'

መጠበቅ

nosit'

መሸከም

sidet'

መቀመጥ

nadevat'

መልበስ

spat'

መተኛት

prosypat'sâ

መንቃት

rassmatrivat'

መመልከት

plakat'

ማለልቀስ

gladit'

መጫር

pričesyvat'

ማበጠር

govorit'

ማዉራት

ponimat'

መረዳት

sprašyvat'

ጥያቄ

slušat'

ማዳመጥ

pit'

መጠጣት

kušat'

መብላት

navodit' porâdok

ማንፃት

lûbit'

ማፍቀር

gotovit'

ምግብ ማብሰል

ehat'

መንዳት

letat'

መብረር

hodit' pod parusom

መርከብ መንዳት

sčitat'

ቁጥሮችን ማስላት

čitat'

ማንበብ

učit'sâ

መማር

rabotat'

መስራት

vstupat' v brak

ማግባት

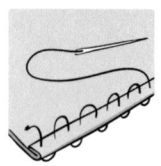

šyt'

መስፋት

čistit' zuby

ጥርስ መቦረሽ

ubivat'

መግደል

kurit'

ማጨስ

otpravlât'

መላክ

# sem'â
# ቤተሰብ

- babuška — የሴት አያት
- deduška — የወንድ አያት
- papa — አባት
- mama — እናት
- mladenec — ህፃን
- doč' — ሴት ልጅ
- syn — ወንድ ልጅ

gost'
እንግዳ

tetâ
አክስት

dâdâ
አጎት

brat
ወንድም

sestra
እህት

sem'â - ቤተሰብ

# telo

## አካል

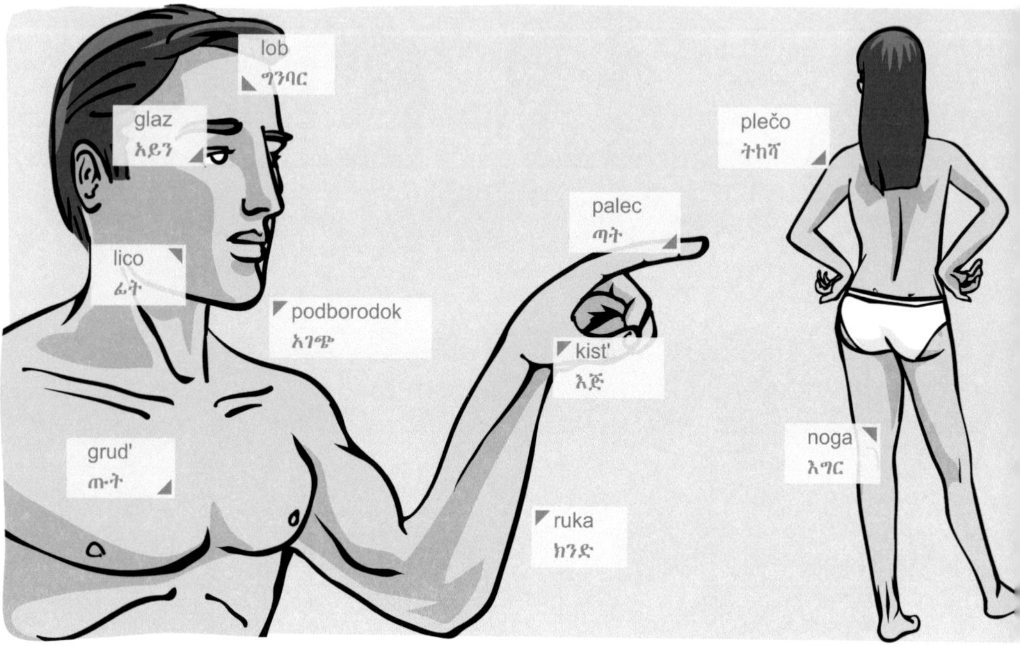

mladenec

ህፃን

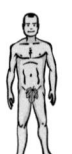

mužčina

ሰዉ

ženŝina

ሴት

devočka

ልጃገረድ

mal'čik

ወንድ ልጅ

golova

ራስ

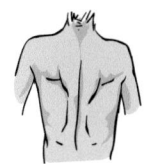

spina

ጀርባ

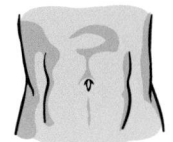

žyvot

ሆድ

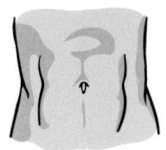

pupok

እምብርት

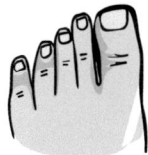

palec nogi

የእግር ጣት

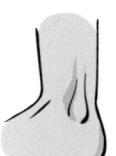

pâtka

ተረከዝ

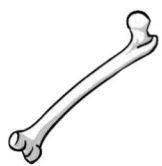

kost'

አጥንት

bedro

ዳሌ

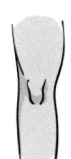

koleno

ጉልበት

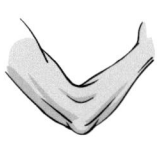

lokot'

ክርን

nos

አፍንጫ

âgodicy

ቂጥ

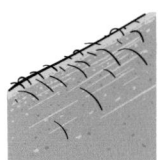

koža

ቆዳ

ŝeka

ጉንጭ

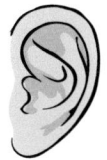

uho

ጆሮ

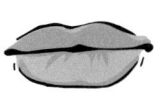

guba

ከንፈር

rot

አፍ

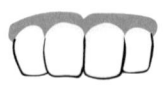

zub

ጥርስ

âzyk

ምላስ

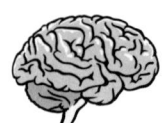

mozg

አንጎል

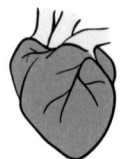

serdce

ልብ

myšca

ጡንቻ

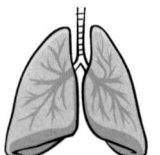

lëgkoe

ሳምባ

pečen'

ጉበት

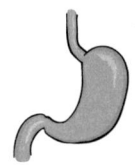

želudok

ሆድ

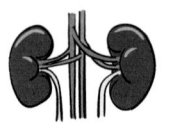

počki

ኩላሊቶች

polovoj akt

የግብረስጋ ግንኙነት

prezervativ

ኮንዶም

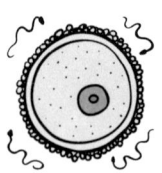

âjcekletka

የሴት እንቁላል

sperma

የዘር ፈሳሽ

beremennost'

እርግዝና

telo - አካል

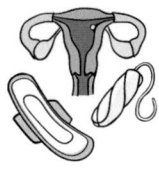

menstruacyâ

የወር አበባ

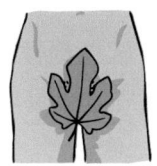

vagina

እምስ

penis

ቁላ

brov'

ቅንድብ

volosy

ፀጉር

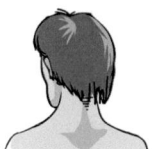

šeâ

አንገት

# bol'nica
## ሆስፒታል

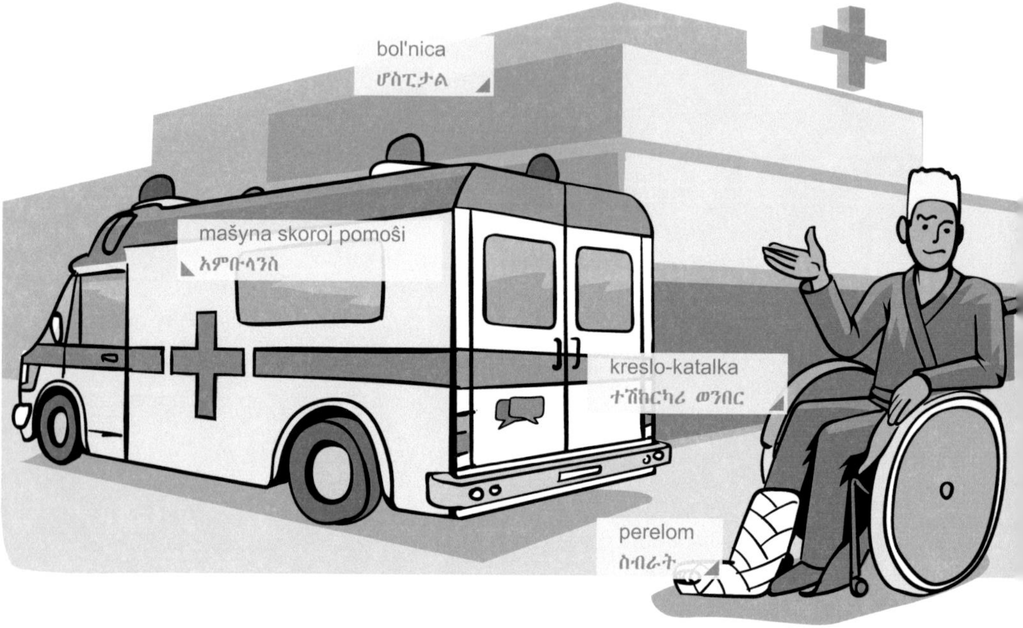

bol'nica
ሆስፒታል

mašyna skoroj pomoŝi
አምቡላንስ

kreslo-katalka
ተሽከርካሪ ወንበር

perelom
ስብራት

vrač

ዶክተር

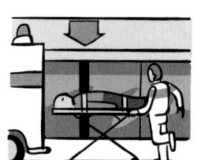

punkt pervoj pomoŝi

ድንገተኛ ክፍል

medsestra

ነርስ

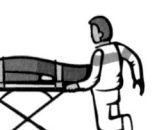

neotložnyj slučaj

ድንገተኛ

bez soznaniâ

ራስን መሳት/ አለማወቅ

bol'

ህመም

povreždenie

ጉዳት

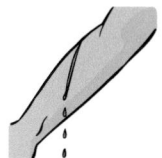

krovotečenie

መድማት

infarkt

የልብ ድካም

insul't

ስትሮክ

allergiâ

አለርጂ

kašel'

ሳል

povyšennaâ temperatura

ትኩሳት

gripp

ኢንፍሉዌንዛ

ponos

ተቅማጥ

golovnaâ bol'

የራስ ምታት

rak

ካንሰር

diabet

የስኳር በሽታ

hirurg

ቀዶ ጠጋኝ ሐኪም

skal'pel'

የቀዶ ጥገና ስለት

operacyâ

ቀዶ ጥገና

bol'nica - ሆስፒታል

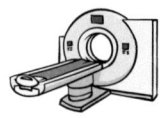

KT

ሲቲ

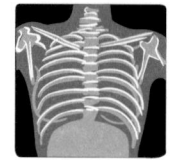

rentgen

ኤክስሬዮ

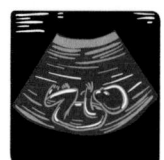

ul'trazvuk

አልትራሳዉንድ

maska

የፊት ጭምብል

bolezn'

በሽታ

priëmnaâ

መጠበቂያ ክፍል

kostyl'

ምርኩዝ

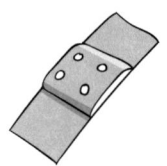

plastyr'

የቁስል ማሸጊያ

bint

ፋሻ

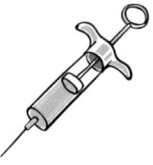

ukol

መርፌ

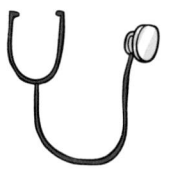

stetoskop

የልብ ምት ማዳመጫ መሳሪያ

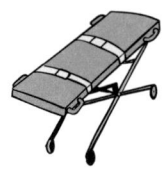

nosilki

የበሽተኛ አልጋ

termometr

የህክምና ሙቀት መለኪያ መሳሪያ

roždenie

መውለድ

izbytočnyj ves

ክልክ ያለፈ ክብደት

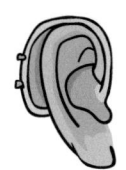

sluhovoj apparat

ለመስማት የሚረዳ መሳሪያ

dezinfekcyonnoe sredstvo

ፀረ ተባይ መድሀኒት

infekcyâ

ማመርቀዝ

virus

ቫይረስ

VIČ / SPID

ኤች አይቪ. ኤድስ

lekarstvo

ህክምና

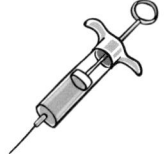
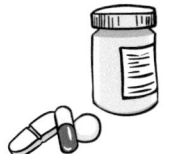

privivka

ክትባት

tabletki

ኪኒን

protivozačatočnaâ tabletka

ኪኒን

èkstrennyj vyzov

አስቸኳይ የስልክ ጥሪ

pribor dlâ izmereniâ krovânogo davleniâ

ደም ግፊት መቆጣጠሪያ

bol'noj / zdorovyj

ህመም/ ጤንነት

# neotložnyj slučaj
## ድንገተኛ

Pomogite!
እርዳታ!

signal trevogi
ማንቂያ ደወል

napadenie
ጥቃት

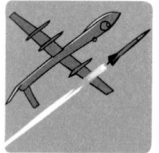
ataka
ድብደባ

opasnost'
አደጋ

zapasnoj vyhod
የድንገተኛ መዉጫ

Požar!
እሳት!

ognetušytel'
እሳት ማጥፊያ

nesčastnyj slučaj
አደጋ

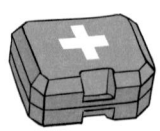
aptečka
የመጀመሪያ እርዳታ መድሃኒት መያዣ

SOS
ነፍስ አድን

milicyâ
ፖሊስ

76  neotložnyj slučaj - ድንገተኛ

zemlâ
ምድር

Evropa

አዉሮፓ

Severnaâ Amerika

ሰሜን አሜሪካ

Ûžnaâ Amerika

ደቡብ አሜሪካ

Afrika

አፍሪካ

Aziâ

እስያ

Avstraliâ

አዉስትራሊያ

Atlantičeskij okean

አትላንቲክ

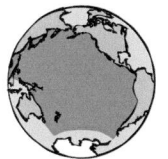

Tihij okean

ፓስፊክ

Indijskij okean

የህንድ ዉቅያኖስ

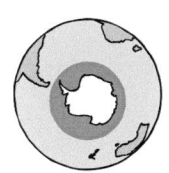

Antarktičeskij okean

አንታርክቲክ ዉቅያኖስ

Severnyj Ledovityj okean

አርክቲክ ዉቅያኖስ

Severnyj polûs

ሰሜን ዋልታ

zemlâ - ምድር

| Ûžnyj polûs | Antarktika | zemlâ |
| --- | --- | --- |
| ደቡብ ዋልታ | አንታርክቲካ | ምድር |

| suša | more | ostrov |
| --- | --- | --- |
| መሬት | ባህር | ደሴት |

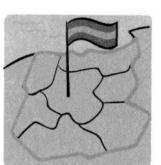 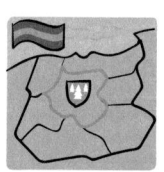

| nacyâ | gosudarstvo |
| --- | --- |
| አገርና ህዝብ | መንግስት |

# časy
## ሰዓት

cyferblat

የሰዓት ገፅታ

časovaâ strelka

ሰዓት

minutnaâ strelka

ደቂቃ

sekundnaâ strelka

ሴኮንድ

Kotoryj čas?

ስንት ሰዓት ነው?

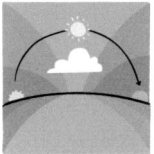

den'

ቀን

vremâ

ጊዜ

sejčas

አሁን

èlektronnye časy

የቁጥር ሰዐት

minuta

ደቂቃ

čas

ሰዓታት

# nedelâ
## ሳምንት

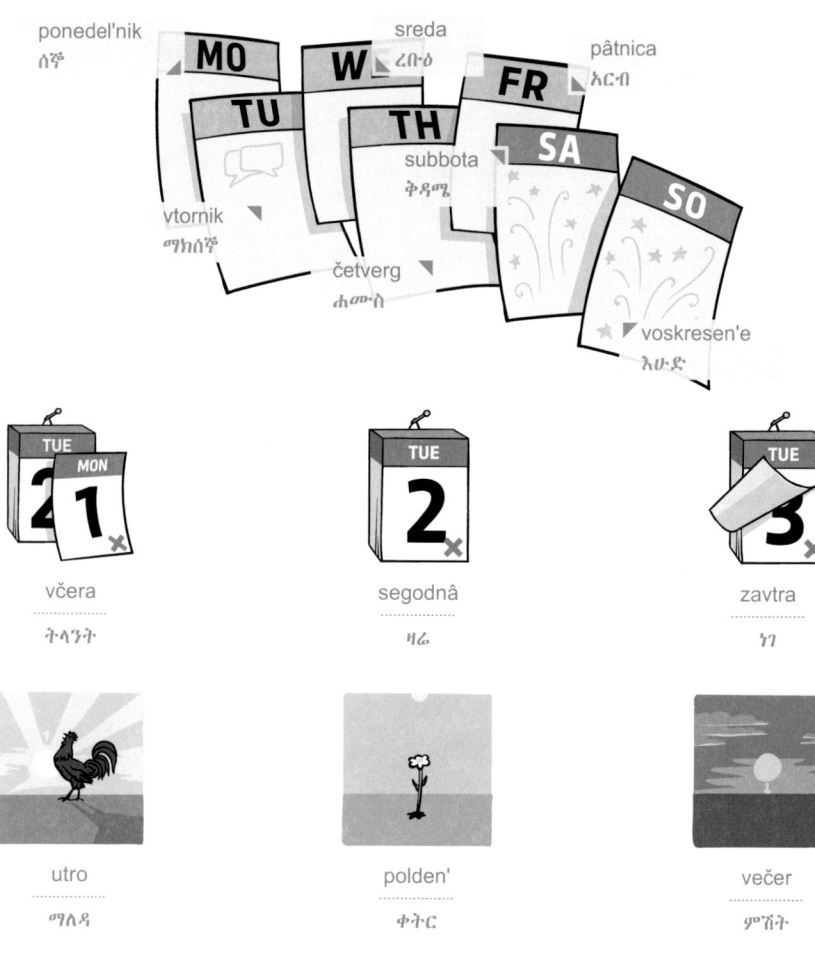

ponedel'nik — ሰኞ
vtornik — ማክሰኞ
sreda — ረቡዕ
četverg — ሐሙስ
pâtnica — አርብ
subbota — ቅዳሜ
voskresen'e — እሁድ

včera — ትላንት
segodnâ — ዛሬ
zavtra — ነገ

utro — ማለዳ
polden' — ቀትር
večer — ምሽት

rabočie dni — የስራ ቀናት
vyhodnye — የዕረፍት ቀናት

# god

## ዓመት

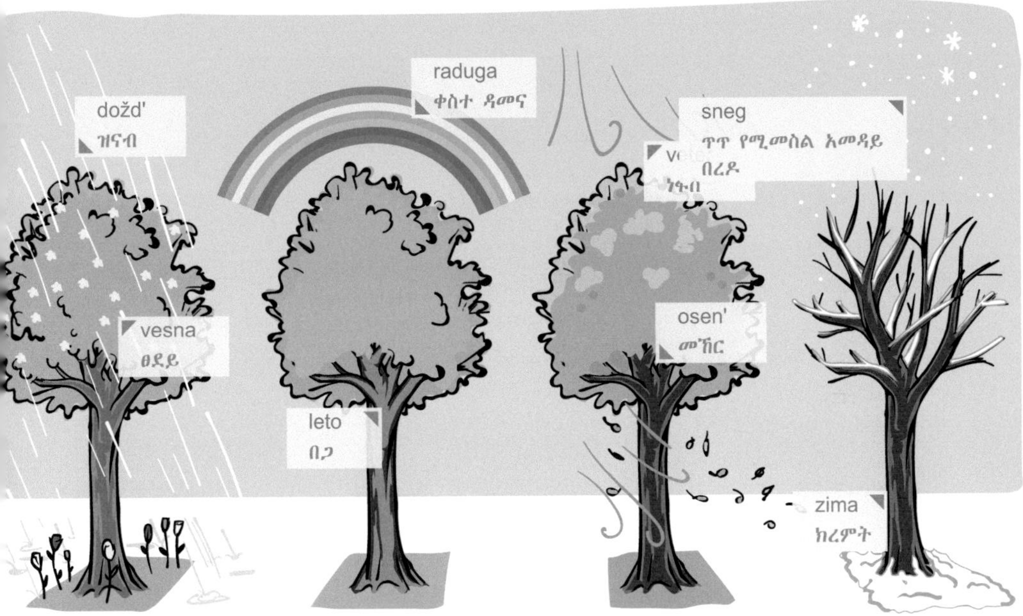

dožd'
ዝናብ
raduga
ቀስተ ዳመና
sneg
ጥጥ የሚመስል አመዳይ
በረዶ
vesna
ፀደይ
leto
በጋ
osen'
መኸር
zima
ክረምት

prognoz pogody

የአየር ሁኔታ ትንበያ

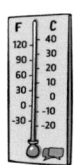

termometr

የሙቀት መለኪያ

solnečnyj svet

የፀሀይ ሙቀት

tuča

ደመና

tuman

ጭጋግ

vlažnost' vozduha

እርጥበታማነት

molniâ

መብረቅ

grom

ነጎድጓድ

burâ

አዉሎ ንፋስ

grad

የበረዶ ዝናብ

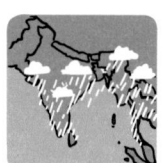

musson

አዉሎ ንፋስ

navodnenie

ጎርፍ

lëd

በረዶ

ânvar'

ጥር

fevral'

የካቲት

mart

መጋቢት

aprel'

ሚያዚያ

maj

ግንቦት

iûn'

ሰኔ

iûl'

ሐምሌ

avgust

ነሀሴ

sentâbr'

መስከረም

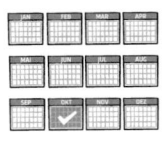

oktâbr'

ጥቅምት

noâbr'

ህዳር

dekabr'

ታህሳስ

## formy

## ቅርፆች

krug

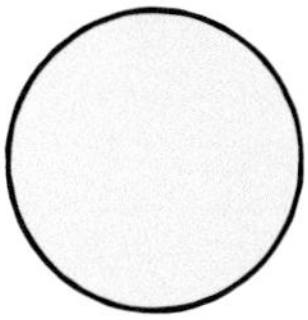

ክብ

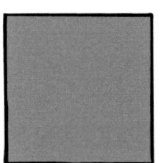

kvadrat

አራት ማዕዘን

prâmougol'nik

አራት ቀጥተኛ ማዕዘኖች ጎኖች ያሉት ቅርፅ

treugol'nik

ሶስት ማዕዘን

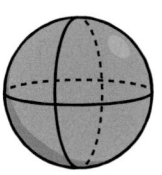

šar

ሉል

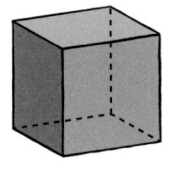

kub

ስድስት ጎን ያለዉ ቅርፅ

formy - ቅርፆች 83

# cveta
## ቀለማት

belyj
ነጭ

želtyj
ቢጫ

oranževyj
ብርቱካናማ

rozovyj
ሮዝ

krasnyj
ቀይ

lilovyj
ወይን ጠጅ

sinij
ሰማያዊ

zelënyj
አረንጓዴ

koričnevyj
ቡኒ

seryj
ግራጫ

černyj
ጥቁር

# protivopoložnosti

## ተቃራኒዎች

mnogo / malo

ብዙ/ ጥቂት

ârostnyj / mirnyj

ንዴት/ እርጋታ

krasivyj / urodlivyj

ቆንጆ/ አስቀያሚ

načalo / konec

ጅማሬ/ ፍፃሜ

bol'šoj / malen'kij

ትልቅ/ ትንሽ

svetlyj / temnyj

ደማቅ/ ደብዛዛ

brat / sestra

ወንድም/ እህት

čistyj / grâznyj

ንፁህ/ ቆሻሻ

polnyj / nepolnyj

የተሟላ/ ያልተሟላ

den' / noč'

ቀን/ ምሽት

mërtvyj / žyvoj

የሞተ/ ህያዉ

šyrokij / uzkij

ሰፊ/ ጠባብ

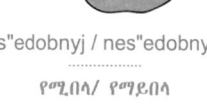

s"edobnyj / nes"edobnyj

የሚበላ/ የማይበላ

zloj / druželûbnyj

ክፉ/ ደግ

vzvolnovannyj / skučaûŝij

ደስተኛ/ ድብርተኛ

tolstyj / hudoj

ወፍራም/ ቀጭን

snačala / v konce

መጀመርያ/ መጨረሻ

drug / vrag

ጓደኛ/ ጠላት

polnyj / pustoj

ሙሉ/ ጎዶሎ

tvërdyj / mâgkij

ጠንካራ/ ለስላሳ

tâžëlyj / legkij

ከባድ/ ቀላል

golod / žažda

ረሃብ/ ጥማት

bol'noj / zdorovyj

ህመም/ ጤንነት

nezakonnyj / zakonnyj

ህገወጥ/ ህጋዊ

umnyj / glupyj

ጎበዝ/ ደደብ

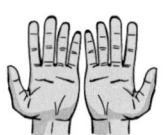

sleva / sprava

ግራ/ ቀኝ

blizko / daleko

ቅርብ/ ሩቅ

novyj / poderžannyj

አዲስ/ አሮጌ

ničto / nečto

ምንም/ የሆነ ነገር

staryj / molodoj

ሽማግሌ/ ወጣት

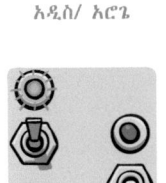

vklûčeno / vyklûčeno

የበራ/ የጠፋ

otkryto / zakryto

ክፍት/ ዝግ

tiho / gromko

ፀጥታ/ ጫጫታ

bogatyj / bednyj

ሃብታም/ ደሃ

pravil'nyj / nepravil'nyj

ትክክለኛ/ የተሳሳተ

šerohovatyj / gladkij

ሻካራ/ ለስላሳ

pečal'nyj / sčastlivyj

ሐዘን/ ደስታ

korotkij / dlinnyj

አጭር/ ረዥም

medlennyj / bystryj

ዝግተኛ/ ፈጣን

mokryj / suhoj

እርጥብ/ ደረቅ

tëplyj / prohladnyj

ሞቃት/ ቀዝቃዛ

vojna / mir

ጦርነት/ ሰላም

protivopoložnosti - ተቃራኒዎች

# cyfry
## ቁጥሮች

**0** nol' ዜሮ

**1** odin አንድ

**2** dva ሁለት

**3** tri ሶስት

**4** četyre አራት

**5** pât' አምስት

**6** šest' ስድስት

**7** sem' ሰባት

**8** vosem' ስምንት

**9** devât' ዘጠኝ

**10** desât' አስር

**11** odinnadcat' አስራ አንድ

12

dvenadcat'

አስራ ሁለት

13

trinadcat'

አስራ ሶስት

14

četyrnadcat'

አስራ አራት

15

pâtnadcat'

አስራ አምስት

16

šestnadcat'

አስራ ስድስት

17

semnadcat'

አስራ ሰባት

18

vosemnadcat'

አስራ ስስምንት

19

devâtnadcat'

አስራ ዘጠኝ

20

dvadcat'

ሃያ

100

sto

መቶ

1.000

tysâča

ሺህ

1.000.000

million

ሚሊዮን

# âzyki

## ቋንቋዎች

anglijskij

እንግሊዝኛ

amerikanskij anglijskij

የአሜሪካ እንግሊዝኛ

mandarinskij kitajskij

የቻይና ማንዳሪን

hindi

ሂንዱ

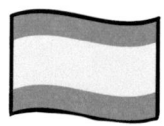

ispanskij

ስፓኒሽ

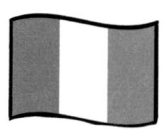

francuzskij

ፍሬንች

arabskij

አረብኛ

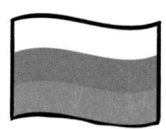

russkij

ራሺያኛ

portugal'skij

ፖርቱጊዝ

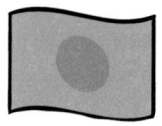

bengal'skij

ቤንጋሊ

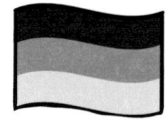

nemeckij

ጀርመን

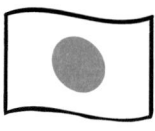

âponskij

ጃፓንኛ

# kto / čto / kak
## ማን/ ምን/ እንዴት

â

እኔ

ty

አንተ

on / ona / ono

እሱ/ እርሷ/ እቃዉ

my

እኛ

vy

አንተ

oni

እነርሱ

kto?

ማን?

čto?

ምን?

kak?

እንዴት?

gde?

የት?

kogda?

መቼ?

imâ

ስም

# gde
# የት

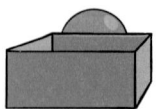

za

በስተጀርባ

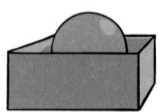

v

ዉስጥ

pered

ከፊት ለፊት

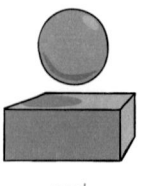

nad

ከላይ

na

ላይ

pod

ከስር

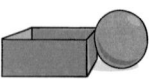

râdom

አጠገብ

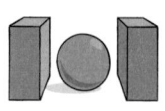

meždu

መሃከል

mesto

ቦታ